IMPRESSUM

Math. Lempertz GmbH
Hauptstraße 354
53639 Königswinter
Tel.: 02223 / 90 00 36
Fax: 02223 / 90 00 38
info@edition-lempertz.de
www.edition-lempertz.de

Dieses Kochbuch wurde nach bestem Wissen und
Gewissen verfasst. Weder der Verlag noch der Autor
tragen die Verantwortung für ungewollte Reaktionen
oder Beeinträchtigungen, die aus der Verarbeitung
der Zutaten entstehen.
Der Markenname „Thermomix®" ist rechtlich geschützt und
wird nur als Bestandteil der Rezepte verwendet. Für Schäden, die bei
der Zubereitung der Gerichte an Personen oder
Küchengeräten entstehen, wird keine Haftung übernommen.
Bitte beachte die Anwendungshinweise der Gebrauchsanweisung
deines Thermomix®gerätes.

 www.facebook.com/MIXtippRezepte

Titelbild: Fotolia
Lektorat: Philipp Gierenstein, Laura Liebeskind
Layout/Satz: Christine Mertens
Druck: Belvédère Print & Packaging BV,
www.TheArtOfMakingBooks.de

ISBN: 978-3-96058-088-1

Fotos: © fotolia: kolinko_tanya, Elena Stepanova, Alekss, natalikaevsti,
teleginatania, Ildi, Viktorija, sabyna75, Hetizia, zoryanchik,
agneskantaruk, tycoon101, irina_k_ch, A_Lein, Schwoab, minadezhda,
Heike Rau, Westend61, Sea Wave, timolina, goccedicolore,
Alessio Orrù, Patryssia, Eduardo López, antinolo, alain wacquier,
Jultud, Angel Simon, dolphy_tv, Patryssia, robhainer, ksi, kristall,
JenkoAtaman, D. Ott, ferkelraggae, Maksim Bukovski, Jean Kobben,
Marco Govel, Gleam, leno2010, Reicher, egorov1976,
Syda Productions, famveldman, ehrenberg-bilder, Boggy,
Bilderhexchen, George Dolgikh, len44ik
© shutterstock 56936839

Herausgegeben von **mixtipp** Antje Watermann

Sarah Petrovic

BABY UND KLEINKINDER *Rezepte*

Kochen mit dem Thermomix®

LEMPERTZ

INHALT

HERZHAFTE BREIE

SÜSSE BREIE

MIXT DU SCHON?

Liebe Thermomixfreunde,

in diesem Buch widmet sich das Team MIXtipp den Kleinen!
Wer Kinder hat, der weiß, wie wichtig es ist, sie von Anfang an gesund und
abwechslungsreich zu ernähren. Und dazu eignet sich das Selbstkochen
von Breien besonders gut. Auf diese Weise lernen Babys vom ersten Brei
an den Geschmack natürlicher Zutaten kennen. Und so können Eltern
auch sicher sein, dass ihr Baby mit allen wichtigen Nährstoffen und
Vitaminen versorgt ist, die es zum Wachsen braucht.

Viele Eltern sind am Anfang erst einmal verunsichert: Wann soll mein Baby
den ersten Brei bekommen? Mit welchem Gemüse fange ich an, welches
eignet sich nicht so gut? Deshalb haben wir in diesem Buch mit unserer
Autorin die besten Rezepte für Babys zusammengestellt. Für einen noch
besseren Überblick haben wir dabei angegeben, welche Breie ab welchem
Alter geeignet sind. Dabei ist alles vom ersten Möhrenbrei über Zucchini-
Kartoffel-Schweinefleisch-Brei bis zum leckeren Keks-Melonen-Dinkel-
flocken-Brei. In nützlichen Tipps erfährst du außerdem mehr über die
Grundlagen zur Ernährung deines Kindes.

Und mit dem Thermomix® ist das Breikochen so einfach wie noch nie!
Während der Thermomix® sich ums Zerkleinern von Gemüse, ums schonende Garen und Pürieren kümmert, kannst du dich entspannt deinem
Baby widmen. Die Portionsmenge, die wir angegeben haben, reicht immer
für mehrere Tage, so dass der Brei problemlos eingefroren und verwahrt
werden kann. Alle Rezepte sind ernährungsphysiologisch getestet und auf
die Bedürfnisse von Babys im jeweiligen Alter abgestimmt. Und natürlich
schmecken sie – das hat uns die Begeisterung vieler kleiner „Testesser"
bereits bestätigt!

Antje Watermann

Herausgeberin, Edition Lempertz

VORWORT

Ein Baby – kleines Wunder und riesiges Glück. Aber gleichzeitig auch eine Menge Verantwortung und Sorgen. Gerade ums Essen habe ich mir als Mutter ab der ersten Minute, die meine Kinder auf der Welt waren, Gedanken gemacht. Und das mache ich auch heute noch.

In den ersten sechs Monaten war es noch relativ einfach, meine Kinder bekamen Muttermilch, aber was danach? Mit welchem Brei fange ich an? Koche ich selber oder füttere ich Gläschen? Welches Gemüse ist das beste für mein Kind? Und soll es im ersten Lebensjahr schon Fleisch essen? Fragen über Fragen, für die es gefühlt 1000 Ratgeber gibt.

Ich habe mich dann dazu entschieden, selber für mein Baby zu kochen (da ich drei Kinder habe und sowieso Essen zubereite, war das nur logisch). Mit meinem Thermomix® geht das alles dann auch so schnell, einfach und vor allen Dingen schonend, dass es keine zusätzliche Arbeit ist. Und ich weiß ganz genau, was drin ist. Das war mir wichtig.

Hier habe ich zusammen mit dem MIXtipp-Team die besten Basis-Rezepte für Babys und Kinder zusammengestellt. Basis-Rezepte deshalb, weil es jedem selbst überlassen sein soll, die Rezepte je nach Geschmack der Kinder oder möglichen Allergien zu verändern.

Habe keine Angst, kreativ zu sein! Nur wenn Kindern immer mal wieder neue Lebensmittel angeboten werden, kannst du sicher sein, dass sie einen guten Geschmack und ein Gespür für gesunde Lebensmittel entwickeln. Kinder lernen am besten vom Nachahmen. Wenn du also willst, dass dein Kind Gemüse isst, mach es ihm vor.

Auf diesem Wege möchte ich mich auch noch einmal bei unserer Elterninitiative bedanken, die uns die leckeren Lieblingsrezepte ihrer Kinder zur Verfügung gestellt hat. Und natürlich auch Danke an Chiara, Finn, Milan und Co. dafür, dass sie alle Breie probiert und für gut befunden haben.

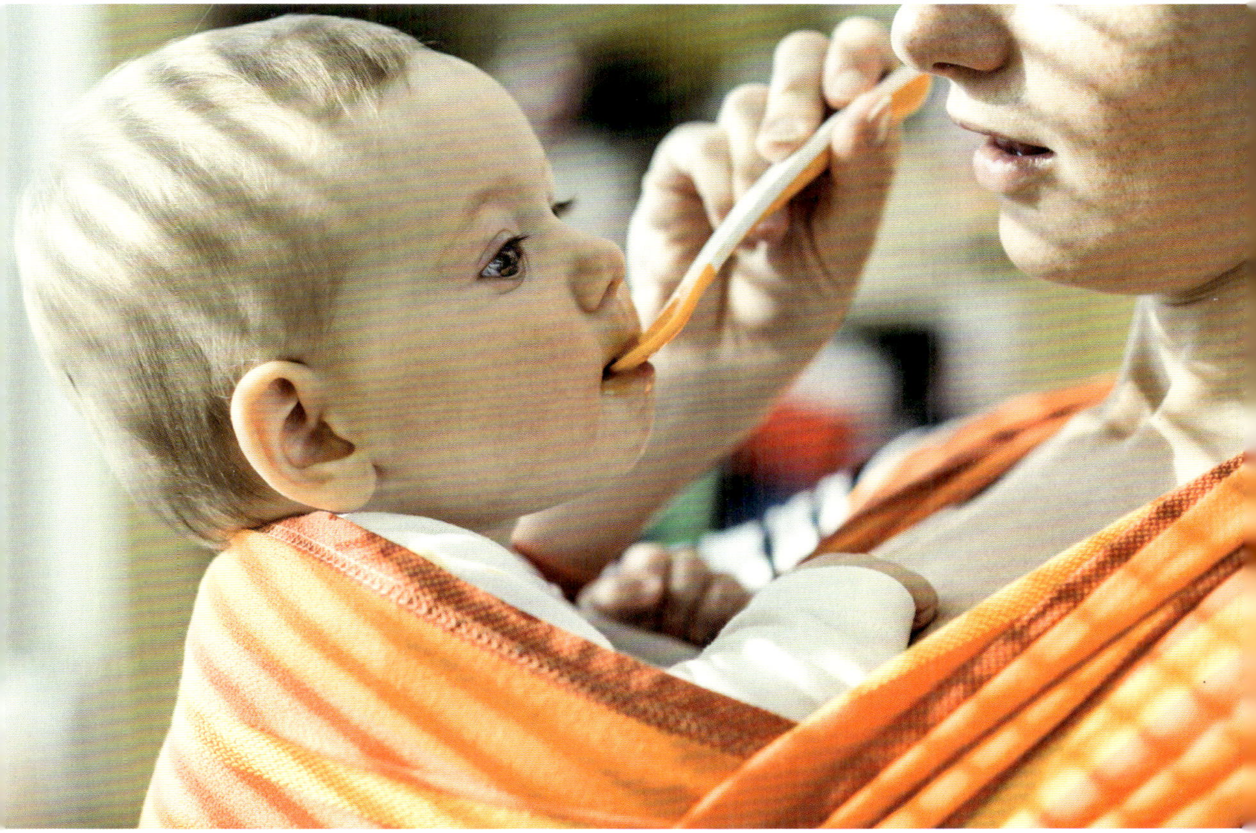

EINLEITUNG

Nach den ersten Monaten des Stillens oder Flaschegebens ist es endlich soweit: Du darfst anfangen, deinem Baby feste Nahrung zuzufüttern. Milch alleine reicht nun nicht mehr als einzige Nahrungsquelle aus. Doch wann ist der richtige Zeitpunkt gekommen, ab dem das Baby den ersten Brei essen kann, soll, will und darf?

Es wird empfohlen, nicht vor einem Alter von etwa **fünf Monaten** mit fester Nahrung für Säuglinge zu beginnen. Wenn du zu früh anfängst, deinem Baby Gemüse und Co. zu geben oder jeden Tag ein neues Gemüse auszuprobieren, erhöht das das Risiko für die Entwicklung von Allergien. Je nachdem, wo man nachliest, wird auch geschrieben, dass man erst nach dem 6. Monat mit dem Zufüttern anfangen soll. Beobachte dein Kind genau, dann wirst du feststellen, wann es soweit ist.

Du kannst deinem Kind feste Nahrung geben, wenn es:

• Interesse daran zeigt, was andere Menschen essen.

• den Mund bewegt, wenn es andere Menschen beim Essen beobachtet.

• immer noch Hunger hat, nachdem es eine große Menge Muttermilch oder Fertigmilch bekommen hat.

• seine Zunge nach einem Löffel ausstreckt, wenn du es zu füttern versuchst.

• zum Essen seine Unterlippe einzieht, anstatt sie vorzustrecken.

• seinen Kopf selbst hochhält.

• mit etwas Hilfe aufrecht sitzt.

Zu Beginn solltest du dein Kind langsam an feste Nahrung heranführen. Führe neue Speisen nacheinander ein. Gib deinem Kind pro Woche nicht mehr als *ein* neues Nahrungsmittel. So kannst du genau beobachten, ob dein Kind auf bestimmte Speisen allergisch oder empfindlich reagiert. Allergische Reaktionen auf Nahrungsmittel äußern sich gewöhnlich in Form eines Hautausschlages im Gesicht oder im Windelbereich, durch Erbrechen oder Durchfall.

Säuglinge brauchen weniger Zucker und weniger Salz als Erwachsene. Deshalb füge dem Brei weder Zucker noch Salz hinzu, auch wenn die Mahlzeit für dich fade schmeckt. Füttere dein Kind von Anfang an mit dem Löffel und gib ihm den Brei nicht aus der Flasche.

Damit dein Baby optimal mit Nährstoffen und Energie versorgt ist, findest du hier den 4-Stufen-Plan. Mit jeder Stufe beginnt ein neuer Ernährungsabschnitt.

Stufe 1, ca. ab dem 5. Monat

- Stillen oder Säuglingsanfangsmilch auf vier bis fünf Mahlzeiten verteilen

- Gemüsebrei einführen und gegen die Milchmahlzeit um die Mittagszeit ersetzen. Man fängt am besten mit dem Mittagsbrei an, weil die meisten Babys abends zu müde zum Essen sind und auch der Mythos, dass ein Baby endlich die Nacht durchschläft, sobald es Brei isst, erwiesenermaßen nicht stimmt.

Stufe 2, ca. ab dem 6. Monat

- Stillen und Säuglingsanfangsmilch auf drei bis vier Mahlzeiten verteilen.

- Gemüsebrei um Stärkebeilage (am besten mit Kartoffeln starten) und eventuell um Fleisch erweitern. Wir empfehlen das aber erst ab dem 8-10. Monat.

Stufe 3, ca. ab dem 8. Monat bis 10. Monat

- Stillen oder Flaschenmahlzeit auf drei bis vier Mahlzeiten verteilen.

- Fleisch-Gemüse-Brei um die Mittagszeit geben und nicht mehr komplett pürieren. Lieber kleinere Stückchen lassen, damit sich dein Kind langsam daran gewöhnen kann.

- Abends Milch-Getreide-Mahlzeit geben. Auch hier die Flocken und den Reis nicht mehr vollständig pürieren.

- Stillmahlzeit am Nachmittag durch einen Getreide-Obst-Brei ersetzen.

Stufe 4, ca. ab dem ersten Lebensjahr

- Das Stillen beenden bzw. von der Säuglingsnahrung auf Kuhmilch umstellen.

- Ab jetzt brauchst du den Brei gar nicht mehr zu pürieren, einfach weichkochen, so dass er sich leicht kauen lässt, reicht völlig aus.

Als erstes Gemüse werden Karotten empfohlen. Wenn du feststellen solltest, dass dein Kind Karotten nicht verträgt, kannst du auch auf Kürbis oder Fenchel ausweichen. Und wenn du dir Sorgen um Allergien machst oder selbst anfällig bist, dann kannst du gerne auch mit einem noch leichteren Gemüse als Karotten, also entweder Pastinaken oder Zucchini, anfangen.

Verwende anfangs nur eine Sorte Gemüse und beobachte, ob dein Kind die Nahrung verträgt. Ein Wechsel der Gemüsesorten, um „Abwechslung im Speiseplan" zu erzielen, ist nicht sinnvoll. Falls dein Baby allerdings Probleme mit der Verdauung bekommen sollte (z.B. zu festen Stuhlgang), solltest du natürlich ein anderes Gemüse verwenden, das die Eigenschaft hat, den Stuhl aufzulockern bzw. zu regenerieren. Zum Beispiel machen Möhren einen eher festen Stuhl, Kürbis oder Spinat einen lockereren. Unsere MIXtipps werden dich dabei unterstützen.

Auch die Zugabe von Öl bzw. Butter hilft den Kindern bei der besseren Verdauung. Und nicht nur das, Babys benötigen etwa 50 Prozent Fett täglich, also etwa die Hälfte der Energie aus Fettkalorien. Dieser hohe Fettanteil in der Nahrung des Babys sollte das ganze erste Lebensjahr beibehalten werden. Fett ist nicht nur ein reiner Energielieferant, sondern auch ein Träger wichtiger fettlöslicher Vitamine und es enthält mehrfach ungesättigte Fettsäuren. Diese sind unheimlich wichtig für die Entwicklung des Gehirns und der Sehschärfe. Um die Fettzufuhr des älteren Babys sicherzustellen (also ab dem Moment, ab dem es nicht mehr nur Muttermilch oder Flaschennahrung bekommt), empfehlen wir, dem Brei wertvolles Keimöl (Rapsöl oder Sojaöl) hinzuzufügen. Insgesamt sollte die Fettzufuhr aber zur Hälfte durch tierische Fette (Butter, Fleisch, Milch- und Milchprodukte) und zur anderen Hälfte durch pflanzliche Fette (Keimöle) gedeckt werden. Wir haben uns dafür entschieden, Rapsöl und/oder Butter zu verwenden.

In unseren Rezepten ist meistens die Mengenangabe von vier Portionen angegeben. Damit kannst du also für mindestens vier Tage vorkochen. Wenn du den Brei portionsweise in sterilisierte Behälter gibst, hält er sich bis zu zwei Tage im Kühlschrank. Willst du auf Nummer sicher gehen, kannst du den Brei auch problemlos einfrieren und immer frisch auftauen. Bitte denke daran, die Gefäße, in denen du den Brei einfrierst, vorher zu sterilisieren. Das kannst du ganz einfach mit dem Thermomix erledigen, indem du die Gefäße mit der Öffnung nach unten in den Varoma legst, 500 g Wasser in den Mixtopf füllst und sie bei 120°C fünf Minuten abkochst.

Ab dem sechsten Monat kannst du **Vollmilch-Getreide-Brei** zufüttern. Dieser dient vor allem dazu, dem Kind ausreichend Kalzium zuzuführen. Der Brei sollte mit Vitamin C angereichert sein, z.B. mit Hilfe von Obstsaft oder -püree. Vitamin C ist absolut lebensnotwendig. Es ist wichtig für die Bildung von Bindegewebe, Wundheilung und Narbenbildung, stärkt das Immunsystem und verbessert die Aufnahme von Eisen in den Körper.
Wir haben deshalb den Rezepten immer Orangensaft hinzugefügt. Der schmeckt lecker, ist gesund und lässt sich schnell auspressen.

Um seinen Wasserbedarf zu decken, benötigt der Säugling neben den beschriebenen Mahlzeiten auch noch Wasser. Du kannst zusätzlich nach Bedarf ca. 200 ml (etwa 1 Tasse) Flüssigkeit in Form von abgekochtem Leitungswasser, stillem Mineralwasser bzw. ungesüßtem Früchte- oder Kräutertee geben. Allerdings muss man sich auch keine Sorgen machen, wenn das Baby nicht soviel trinken möchte. Solange es noch Milch trinkt und sehr flüssigen Brei isst, wird der Körper mit genügend Flüssigkeit versorgt. Achte einfach auf die Körpersprache deines Kleinen, dann wirst du merken, ob ihm etwas fehlt oder es zufrieden ist.

Anfangs wird es wahrscheinlich insgesamt nur ein paar Löffel voll essen. Wenn es würgt

oder das Essen verweigert, indem es sich wegdreht, ist es vielleicht noch zu früh für feste Nahrung. Versuche es dann eine Woche später noch einmal. Zwinge dein Kind nie zum Essen und hab Geduld. Richtiges Essen müssen die Kleinen erst lernen. Dein Baby ist noch zu klein, um Essen aus Sturheit heraus abzulehnen – das kommt später. In diesem Alter isst es, soviel es braucht. Zwing dein Baby nicht, mehr zu essen als es will, damit es später keine Essstörungen entwickelt.

An manchen Lebensmitteln können Säuglinge und Kleinkinder ersticken, wenn sie versehentlich in die Luftröhre „verschluckt" werden. Füttere dein Kind also erst mit Lebensmitteln wie Erdnüssen oder anderen Nüssen, ganzen Weintrauben, Oliven oder anderen kleinen, rundlichen Nahrungsmitteln, harten Bonbons oder Popcorn, wenn du ganz sicher bist, dass es das auch essen kann. Die sicherste Vorkehrung gegen Ersticken besteht aber darin, **das Baby beim Essen zu beaufsichtigen,** so dass du gefährliche Situationen frühzeitig erkennen und vermeiden kannst. Wenn dein Kind ca. acht bis zehn Monate

alt ist, solltest du pürierte Nahrungsmittel schrittweise durch Nahrungsmittel ersetzen, die etwas mehr Konsistenz haben. Wenn sich dein Baby jetzt an weiche Stückchen in seinem Essen gewöhnt, wird es ihm später leichterfallen, verschiedene feste Nahrungsmittel zu akzeptieren. Gut geeignet für diese Phase sind zum Beispiel gekochtes Gemüse, Bananenstücke und Nudeln. Diese Nahrungsmittel müssen nicht passiert oder püriert werden; sie müssen einfach nur weich sein und gegebenenfalls zerdrückt werden. Wenn dein Kind jedoch würgt oder Schwierigkeiten beim Schlucken hat, verschiebe den Versuch um einige Zeit. Manche Kinder akzeptieren festere Speisen nur sehr langsam. Spätestens jetzt kannst du dem Mittagsbrei auch Fleisch hinzufügen. Das dient dazu, dem Säugling ausreichend Eisen in der Nahrung zur Verfügung zu stellen. Vor allem Rindfleisch ist ein guter Zink-Lieferant. Lass dein Baby bei den Familien-Mahlzeiten üben, indem du ihm etwas weiches Essen von deinem eigenen Teller anbietest. Es wird gerne nachahmen, das zu essen, was es dich essen sieht. Außerdem lernt dein Kind so, dass es zur Familie gehört und dass die Mahlzeiten gemeinsam eingenommen werden. Du musst mit den oben angeführten Speisen nicht warten, bis dein Kind alle Zähne hat. Es dauert etwa ein Jahr, bis die Kinder Backenzähne bekommen. Weiche Speisen kann ein Kind auch mit der Zunge zerdrücken. Setz dein Kind am besten in einen Kinderstuhl und gib ihm einen kleinen Löffel nach dem anderen. So lernt dein Kind nicht nur zu schmecken und gewöhnt sich daran, seine Nahrung zu essen, anstatt sie zu trinken, sondern auch, dass man beim Essen nicht immer auf Mamas Schoß sitzt oder später sogar rumläuft.

TIPPS

- Bitte würze unter keinen Umständen die Breie mit Salz. Salz gehört nicht in Baby-kost! Auch wenn dir das Essen fade er-scheinen mag, für dein Baby ist es genau richtig. Verwende keine Instantbrühe, da sie sehr salzhaltig sein kann, und prüfe im-mer genau den Natrium- und Salzgehalt von Fertignahrung: Babys unter 12 Mona-ten sollten weniger als 1 g Salz pro Tag zu sich nehmen.

- Bitte süße die Breie nicht mit Zucker oder anderen Süßungsmitteln. Das kann dazu führen, dass das Verlangen nach Süßigkei-ten im Kindesalter verstärkt wird und die Zähne geschädigt werden. Auch alternati-ve Süßungsmittel wie Agavendicksaft sind für Babys nicht gesünder, deshalb sollte grundsätzlich darauf verzichtet werden.

- Honig, unpasteurisierte Milch und Rohmilchkäse sind für Kinder unter einem Jahr nicht geeignet.

- Bitte füttere dein Kind mit frischem oder tiefgefrorenem Obst und Gemüse. Ver-meide, so weit es geht, gezuckerte oder gesalzene Konserven. Wenn du sie ver-wendest, nutze in Wasser konservierten Gemüsemais oder Bohnen und Obst im eigenen Saft und nicht in Sirup. Fisch wie

z.B. Thunfisch sollte ebenfalls in Wasser und Öl konserviert sein und nicht in salz-haltiger Lake.

- Einige glutenhaltige Lebensmittel wie Brot, Nudeln oder Frühstückszerealien sollten erst ab dem sechsten Monat gegeben werden.

- Bitte füttere deinem Kind nur Eier, wenn Eigelb und Eiweiß vollständig durchgegart sind. Hier liegt der Richtwert bei sechs Monaten. Es wird aber grundsätzlich dazu geraten, dass Kinder rohe Lebensmittel wie Fleisch, Fisch, Meeresfrüchte und Eier erst ab einem Alter von fünf Jahren essen sollten. Die Gefahr einer Lebensmittelver-giftung ist einfach zu hoch.

- Da Fett eine wichtige Kalorienquelle ist und auch einige Vitamine enthält, brauchst du bei deinem Kind nicht auf den Fettgehalt zu achten und kannst fett-reduzierte Produkte ignorieren.

- Achte darauf, dass dein Kind wegen der Erstickungsgefahr keine ganzen Nüsse zu essen bekommt. Empfohlener Richtwert ist hier ab dem fünften Lebensjahr. Nuss-mus und gemahlene oder fein gehackte Nüsse sind natürlich in Ordnung.

HERZHAFTE BREIE

ab 5. Monat

MÖHRENBREI

Zutaten für 4 Portionen

200 g Möhren

500 g Wasser

50 g Butter

20 g Orangensaft nach Belieben

1. Die geschälten Möhren zerkleinerst du als Erstes 3 Sekunden/ Stufe 5 im Mixtopf und gibst sie anschließend in den Gareinsatz.

2. Nun füllst du das Wasser in den Mixtopf, hängst den Gareinsatz ein und garst die Möhren 15 Minuten/ Varoma/ Stufe 1.

3. Anschließend nimmst du den Gareinsatz aus dem Mixtopf und gießt die Garflüssigkeit in eine Schüssel um. 80 g der Garflüssigkeit, die weichen Möhren, die Butter und, wenn du magst, den Orangensaft gibst du nun in den Mixtopf und pürierst alles 30 Sekunden/ Stufe 10. Wenn du einen weicheren Brei möchtest, gib noch etwas mehr Garflüssigkeit hinein.

4. Den fertigen Brei kannst du nun etwas abkühlen lassen. Prüfe, ob die Temperatur richtig für dein Baby ist, dann kannst du es füttern.

Leons flotte Karotte

mixtipp

Nimm am besten immer Bio-Gemüse. Der Schadstoffgehalt ist darin am niedrigsten.

mixtipp

Möhren sind reich
an Nährstoffen wie
Vitamin A, Vitamin C
und Kalzium.

ab 5. Monat

PASTINAKENBREI

Zutaten für 4 Portionen

600 g Pastinaken, in Stücken

500 g Wasser

20 g Rapsöl

30 g Orangensaft

mix**tipp**

Pastinaken haben einen leckeren süß-nussigen Geschmack, den viele Babys lieben.

1. Zuerst schälst du die Pastinaken, putzt sie und schneidest sie in Stücke.

2. Nun zerkleinerst du die Pastinaken im Mixtopf 3 Sekunden/ Stufe 5. Fülle sie dann in den Gareinsatz um und gieß das Wasser in den Mixtopf. Anschließend hängst du den Gareinsatz ein und garst die Pastinaken 20 Minuten/ Varoma/ Stufe 1.

3. Als Nächstes gibst du die Garflüssigkeit in eine Schüssel und füllst das fertige Gemüse in den Mixtopf um. Danach gießt du ca. 60 g Garflüssigkeit, das Rapsöl und den Orangensaft dazu und pürierst alles 30 Sekunden/ Stufe 10. Gib etwas mehr von der Garflüssigkeit dazu, wenn dir der Brei noch zu fest ist.

4. Bevor du dein Baby fütterst, solltest du prüfen, ob der Brei nicht mehr zu heiß ist.

ab 6. Monat

MÖHREN-KARTOFFEL-BREI

Zutaten für 4 Portionen

500 g Möhren, in Stücken

250 g Kartoffeln, in Stücken

500 g Wasser

20 g Orangensaft

20 g Butter

mixtipp

Achte beim Kochen mit Kartoffeln darauf, Öl hinzuzufügen. Kartoffeln enthalten wenig Öl, welches wichtig für das Wachstum deines Babys ist.

1. Zuerst schälst du die Möhren und die Kartoffeln und gibst sie in Stücke geschnitten in den Mixtopf. Zerkleinere sie 3 Sekunden/ Stufe 5 und gib sie danach in den Gareinsatz.

2. Nun füllst du das Wasser in den Mixtopf und hängst den Gareinsatz ein. Darin garst du das Gemüse 20 Minuten/ Varoma/ Stufe 1. Anschließend gießt du die Garflüssigkeit in eine Schüssel.

3. Die gegarten Möhren und Kartoffeln füllst du nun zusammen mit der Butter in den Mixtopf und pürierst alles mit dem Orangensaft und ca. 60 g Garflüssigkeit 30 Sekunden/ Stufe 10. Dann schiebst du den Gemüsebrei mit dem Spatel nach unten. Wenn du möchtest, kannst du auch etwas mehr von der Garflüssigkeit dazumischen. Zum Schluss pürierst du den Möhren-Kartoffel-Brei noch einmal 10 Sekunden/ Stufe 8.

4. Bevor du dein Baby fütterst, prüfst du, ob der Brei nicht mehr zu heiß ist.

ab 6. Monat

PASTINAKEN-KARTOFFEL-BREI

à la Paul

Zutaten für 4 Portionen

200 g Kartoffeln, in Stücken

600 g Pastinaken, in Stücken

500 g Wasser

20 g Rapsöl

30 g Orangensaft

1. Zuerst schälst du die Kartoffeln und die Pastinaken und schneidest sie in kleine Stücke. Dann zerkleinerst du das Gemüse 3 Sekunden/ Stufe 5 im Mixtopf und gibst es dann in den Gareinsatz.

2. Als Nächstes gießt du das Wasser in den Mixtopf. Anschließend hängst du den Gareinsatz ein und garst das Gemüse 20 Minuten/ Varoma/ Stufe 1.

3. Dann nimmst du den Gareinsatz raus und füllst die Garflüssigkeit aus dem Mixtopf in eine Schüssel um. Gib das Gemüse mit 80-100 g der Garflüssigkeit, Orangensaft und Rapsöl in den Mixtopf und püriere alles 30 Sekunden/ Stufe 10.

4. Zum Schluss lässt du den Brei im Mixtopf noch etwas abkühlen und füllst ihn dann zum Füttern in ein Schüsselchen um.

mixtipp

Pastinaken enthalten noch deutlich mehr Mineralstoffe als Karotten und wirken verdauungsfördernd.

ab 6. Monat

KÜRBIS-KARTOFFEL-BREI

Zutaten für 4 Portionen

250 g Kartoffeln, in Stücken

250 g Kürbis, in Stücken

800 g Wasser

40 g Butter

40 g Orangensaft

1. Als Erstes schälst du die Kartoffeln und den Kürbis und schneidest sie in kleine Stücke. Dann zerkleinerst du sie im Mixtopf 3 Sekunden/ Stufe 5 und gibst sie anschließend in den Gareinsatz.

2. Als Nächstes gießt du das Wasser in den Mixtopf, setzt den Gareinsatz ein und garst das Gemüse 30 Minuten/ Varoma/ Stufe 1. Wenn du eine weichere Kürbissorte verwendest, kannst du die Garzeit auf 20-25 Minuten reduzieren. Anschließend füllst du die Garflüssigkeit in eine Schüssel um.

3. Nun gibst du die Gemüsemischung mit 100 g der Garflüssigkeit, Butter und Orangensaft in den Mixtopf und pürierst alles 30 Sekunden/ Stufe 10. Dabei unterbrichst du am besten einige Male den Püriervorgang und schiebst das Gemüse mit dem Spatel nach unten. Wenn du einen weicheren Brei erhalten möchtest, kannst du noch etwas mehr Garflüssigkeit oder Orangensaft hinzufügen.

mix_tipp_

Kartoffeln enthalten viel Eiweiß und andere wichtige Nährstoffe. Besonders gut kannst du sie mit 1 oder 2 Gemüsesorten zu einem sättigenden Mittagsbrei verarbeiten.

ab 6. Monat

KARTOFFEL-BREI MIT FENCHEL

Zutaten für 4 Portionen

320 g Fenchel, in Stücken

320 g Kartoffeln, in Stücken

500 g Wasser

40 g Maiskeimöl

30 g Orangensaft

1. Beginne damit, dass du den Fenchel schälst und würfelst. Achte dabei darauf, die Stielansätze abzuschneiden. Dann schälst du auch die Kartoffeln und schneidest sie in Stücke. Gib das Gemüse in den Mixtopf und zerkleinere es 3 Sekunden/ Stufe 5.

2. Nun füllst du das Wasser in den Mixtopf und füllst das Gemüse in den Gareinsatz um. Gare die Fenchel-Kartoffel-Mischung 20 Minuten/ Varoma/ Stufe 1.

3. Die Garflüssigkeit kannst du anschließend auffangen. Gib das gegarte Gemüse in den Mixtopf und püriere es zusammen mit ca. 60 g Garflüssigkeit, dem Öl und dem Saft 30 Sekunden/ Stufe 10. Bei Bedarf kannst du auch etwas mehr von der Garflüssigkeit hinzugeben, dann bekommst du einen weicheren Brei.

Michelles Fenchel-Mix

mixtipp

Fenchel hilft deinem Baby gegen Blähungen.

ab 6. Monat

KÜRBIS-REIS-BREI

Zutaten für 4 Portionen

400 g Kürbis, in Stücken

120 g Langkornreis

1200 g Wasser beim TM 5®,
1000 g Wasser beim TM 31®

50 g Rapsöl

40 g Orangensaft

mixtipp

Am besten benutzt du Basmati-Reis, weil diese Sorte besonders weich wird.

1. Als Erstes schneidest du den geschälten Kürbis in grobe Stücke und zerkleinerst ihn dann im Mixtopf 3 Sekunden/ Stufe 5.

2. Anschließend gibst du ihn mit dem Reis in den Gareinsatz, füllst das Wasser in den Mixtopf und garst alles 25-30 Minuten/ Varoma/ Stufe 1. Wenn du eine weichere Kürbissorte verwendest, kannst du die Garzeit auf 20-25 Minuten reduzieren.

3. Nun gießt du die Garflüssigkeit in eine Schüssel und füllst den Kürbis und den Reis in den Mixtopf um. Gib das Rapsöl, ca. 60 g Garflüssigkeit und den Orangensaft dazu und püriere die Mischung dann 30 Sekunden/ Stufe 10. Wenn du eine noch weichere Konsistenz möchtest, kannst du noch ein wenig mehr von der verwahrten Garflüssigkeit untermischen.

4. Du kannst den Brei in sterilisierten Gläschen aufbewahren oder sofort füttern. Prüfe dazu, ob er nicht mehr zu heiß ist.

ab 6. Monat

ZUCCHINI-BREI MIT KARTOFFELN

Zutaten für 4 Portionen

400 g Zucchini, in Stücken

300 g Kartoffeln, in Stücken

500 g Wasser

50 g Orangensaft

60 g Rapsöl

1. Zuerst schälst du die Zucchini und schneidest sie in Scheiben. Auch die Kartoffeln schälst du und würfelst sie grob. Dann gibst du Zucchini und Kartoffeln in den Mixtopf und zerkleinerst die Mischung 3 Sekunden/ Stufe 5.

2. Als Nächstes gibst du das Wasser in den Mixtopf und füllst das zerkleinerte Gemüse in den Gareinsatz. Häng den Gareinsatz ein und gare das Gemüse anschließend 20 Minuten/ Varoma/ Stufe 1.

3. Jetzt kannst du die Garflüssigkeit in einer Schüssel abfangen und beiseitestellen. Dann pürierst du Zucchini und Kartoffeln im Mixtopf zusammen mit dem Orangensaft, dem Öl und ca. 60 g Garflüssigkeit 30 Sekunden/ Stufe 10. Wenn du einen weicheren Brei möchtest, kannst du ein bisschen mehr Garflüssigkeit dazugeben.

mixtipp

Zucchini enthalten viel Vitamin A und C.

ab 6. Monat

ROTE RÜBEN-KARTOFFEL-BREI

Zutaten für 3 Portionen

4 EL Sonnenblumenkerne

125 g Kartoffeln, in Stücken

150 g Rote Bete, in Stücken

500 g Wasser

50 g Orangensaft

30 g Rapsöl

1. Zuerst füllst du die Sonnenblumenkerne in den Mixtopf und zerkleinerst sie 10 Sekunden/ Stufe 8. Dann stellst du sie in einer Schüssel beiseite.

2. Als Nächstes schälst du die Kartoffeln und würfelst sie. Dann putzt und schälst du auch die Rote Bete und schneidest sie ebenfalls in Würfel. Beide Gemüsesorten kannst du anschließend im Mixtopf 3 Sekunden/ Stufe 5 zerkleinern und danach in den Gareinsatz umfüllen.

3. Gib jetzt das Wasser in den Mixtopf und häng den Gareinsatz ein. Danach garst du das Gemüse 20 Minuten/ Varoma/ Stufe 1.

4. Nach dem Garen füllst du die Garflüssigkeit in eine Schüssel um und gibst das Gemüse mit den gemahlenen Sonnenblumenkernen, dem Orangensaft, dem Rapsöl und ca. 60 g Garflüssigkeit in den Mixtopf. Dann pürierst du die Mischung 30 Sekunden/ Stufe 10. Wenn du die Konsistenz des Breies ändern möchtest, kannst du noch ein bisschen mehr Garflüssigkeit einrühren.

Vanessas rosa Traumbrei

ab 8. Monat

ERDÄPFELBREI MIT HÄHNCHEN

Zutaten für 4 Portionen

400 g Topinambur, in Stücken

120 g Hähnchenbrustfilet

500 g Wasser

40 g Dinkelflocken (Zartblatt)

60 g Orangensaft

50 g Rapsöl

1. Zuerst wäschst du den Topinambur und schneidest ihn in kleine Stücke. Dann schneidest du das gewaschene und trocken getupfte Hähnchenbrustfilet in Streifen. Anschließend zerkleinerst du beides zusammen 5 Sekunden/ Stufe 5 im Mixtopf.

2. Gib die Mischung nun in den Gareinsatz. In den Mixtopf füllst du das Wasser. Dann hängst du den Gareinsatz ein und garst alles 20 Minuten/ Varoma/ Stufe 1.

3. Nach dem Garen kannst du die Garflüssigkeit auffangen und beiseitestellen. Anschließend gibst du die Topinambur-Hähnchen-Mischung in den Mixtopf und fügst die Dinkelflocken, den Saft, ca. 60 g Garflüssigkeit und das Öl hinzu. Dann pürierst du alles 30 Sekunden/ Stufe 10.

4. Bei Bedarf kannst du noch etwas mehr von der Garflüssigkeit zugeben, um die Konsistenz des Breis anzupassen.

mixtipp

Topinambur ist ein gut verdauliches Anfangsgemüse und eignet sich auch hervorragend für die ersten Breie!

ab 8. Monat

KARTOFFEL-BLUMEN-KOHL-DINKEL-BREI

Zutaten für 4 Portionen

200 g Kartoffeln, in Stücken

400 g Blumenkohl, in Stücken

500 g Wasser

40 g Dinkelflocken (Zartblatt)

50 g Rapsöl

60 g Orangensaft

1. Beginne damit, dass du die Kartoffeln schälst und in grobe Stücke schneidest. Dann putzt du den Blumenkohl und schneidest ihn ebenfalls in Stücke. Im Mixtopf zerkleinerst du anschließend das Gemüse 3 Sekunden/ Stufe 5.

2. Gib nun Blumenkohl und Kartoffeln in den Gareinsatz und fülle das Wasser in den Mixtopf. Dann hängst du den Einsatz ein und garst das Gemüse 20 Minuten/ Varoma/ Stufe 1.

3. Jetzt kannst du die Dinkelflocken zu der Gemüsemischung hinzufügen und dann alles noch einmal 3 Minuten/ Varoma/ Stufe 1 garen. Anschließend gießt du die Garflüssigkeit in eine Schüssel um und stellst sie beiseite.

4. Jetzt gibst du die gegarte Mischung mit dem Rapsöl, ca. 60 g Garflüssigkeit und dem Saft in den Mixtopf und pürierst alles 10 Sekunden/ Stufe 6. Wenn dein Baby einen weicheren Brei braucht, mischst du noch etwas mehr von der Garflüssigkeit dazu. Anschließend lässt du den Brei vor dem Füttern noch ein wenig abkühlen, bis er die richtige Temperatur hat.

Flockes Favorit

mixtipp

Dinkel ist reich an Aminosäuren, Vitaminen und Mineralstoffen.

ab 8. Monat

KARTOFFEL-KAROTTEN-KÜRBIS-BREI

Zutaten für 4 Portionen

200 g Kartoffeln, in Stücken

150 g Kürbis, in Stücken

150 g Karotten, in Stücken

500 g Wasser

30 g Rapsöl

40 g Orangensaft

1.   Als Erstes schälst du Kartoffeln, Kürbis und Karotten und schneidest sie in kleine Stücke. Dann zerkleinerst du das Gemüse im Mixtopf 3 Sekunden/ Stufe 5.

2.   Fülle nun das Wasser in den Mixtopf und gib das zerkleinerte Gemüse in den Gareinsatz. Anschließend hängst du den Gareinsatz in den Mixtopf und garst alles 25-30 Minuten/ Varoma/ Stufe 1. Wenn du eine weichere Kürbissorte verwendest, kannst du die Garzeit auf 20-25 Minuten reduzieren.

3.   Nun füllst du die Garflüssigkeit in eine Schüssel um. Dann gibst du das gegarte Gemüse zusammen mit ca. 60 g Garflüssigkeit, dem Öl und dem Saft in den Mixtopf und pürierst alles 15 Sekunden/ Stufe 10.

Alinas Gourmetbrei

mix_tipp_

Durch die verschiedenen Gemüsesorten ist dieser Brei besonders nährstoffreich und sättigend für dein Baby.

ab 10. Monat

DINKELNUDELN BOLOGNESE

Zutaten für 4 Portionen

300 g Möhren, in Stücken

150 g Kartoffeln, in Stücken

500 g Wasser

30 g Rapsöl

80 g Rinderhackfleisch

1 kleine Dose passierte Tomaten

100 g Dinkelnudeln

mixtipp

Aufgrund des hohen Säuregehalts solltest du erst in kleinen Mengen testen, ob dein Baby Tomaten verträgt.

1. Du beginnst mit dem Schälen der Möhren und Kartoffeln. Schneide beides in kleine Stücke und zerkleinere die Gemüsesorten dann im Mixtopf 3 Sekunden/ Stufe 5.

2. Als Nächstes füllst du die Gemüsemischung in den Gareinsatz um und gießt das Wasser in den Mixtopf. Nun garst du das Gemüse 25 Minuten/ Varoma/ Stufe 1. In der Zwischenzeit kochst du die Dinkelnudeln auf dem Herd, gießt das Wasser ab und stellst sie dann beiseite. Richte dich bei der Kochzeit der Nudeln nach der Angabe auf der Packung.

3. Wenn das Gemüse gar ist, füllst du die Garflüssigkeit in eine Schüssel um und stellst auch die Kartoffel-Möhren-Mischung beiseite.

4. Fülle jetzt das Rapsöl in den Mixtopf und erhitze es 1 Minute/ Varoma/ Stufe 1. Anschließend fügst du das Hackfleisch hinzu und dünstest es 4 Minuten/ Varoma/ Stufe 1. Gib dann die Tomaten aus der Dose dazu und koch die Mischung 5 Minuten/ 100°C/ Stufe 1.

5. Nun füllst du auch die Kartoffel-Möhren-Mischung in den Mixtopf und zerkleinerst alles 30 Sekunden/ Stufe 5. Wenn du eine weichere Konsistenz erreichen möchtest, kannst du ein wenig Garflüssigkeit zugießen.

6. Zum Schluss gibst du die gekochten Dinkelnudeln zu der Sauce Bolognese in den Mixtopf und pürierst sie 8 Sekunden/ Stufe 5.

ab 10. Monat

KA-BRO-FE-HÄHNCHEN-BREI

Zutaten für 4 Portionen

250 g Kartoffeln, in Stücken
200 g Brokkoliröschen
70 g Fenchel, in Stücken
70 g Hähnchenbrust
500 g Wasser
20-30 g Butter
30 g Orangensaft

1. Zuerst kannst du die Kartoffeln, die Brokkoliröschen und den Fenchel schälen, waschen und in Stücke schneiden. Dann schneidest du die Hähnchenbrust in Streifen. Gib anschließend alle Zutaten in den Mixtopf und zerkleinere sie 5 Sekunden/ Stufe 5.

2. Nun gibst du das Wasser in den Mixtopf und füllst die Gemüse-Hühnchen-Mischung in den Gareinsatz. Dann hängst du den Gareinsatz ein und lässt alles 20 Minuten/ Varoma/ Stufe 1 garen.

3. Danach gießt du die Flüssigkeit aus dem Mixtopf in eine Schüssel, sie wird je nach Belieben zum Brei dazugegeben. Füll die Breimischung aus dem Gareinsatz in den Mixtopf um und füge die Butter, den Orangensaft und ca. 60 g Garflüssigkeit hinzu. Dann pürierst du den Brei 30 Sekunden/ Stufe 10.

4. Anschließend lässt du ihn einige Minuten abkühlen und füllst ihn dann in sterilisierte Gläser um, wenn du ihn aufbewahren möchtest. Natürlich kannst du auch direkt füttern. Achte dabei darauf, dass der Brei nicht mehr zu heiß ist.

Gretas Genießermenü

ab 10. Monat

ZUCCHINI-KARTOFFEL-SCHWEINEFLEISCH-BREI

Zutaten für 4 Portionen

550 g Zucchini, in Stücken

240 g Kartoffeln, in Stücken

150 g Schweinefilet

500 g Wasser

30 g Butter

60 g Orangensaft

50 g Rapsöl

1. Als Erstes schneidest du die Zucchini und die Kartoffeln in Stücke. Dann zerkleinerst du sie im Mixtopf 3 Sekunden/ Stufe 5 und füllst sie in den Gareinsatz um.

2. Nun zerkleinerst du das Schweinefilet 3 Sekunden/ Stufe 6 im Mixtopf und gibst es zu den Zucchini und den Kartoffeln.

3. Gib jetzt Wasser und Butter in den Mixtopf und setz den Gareinsatz ein. Anschließend garst du alles 20 Minuten/ Varoma/ Stufe 2. Danach nimmst du den Gareinsatz raus und füllst das Butterwasser aus dem Mixtopf in eine Schüssel um.

4. Nun gibst du die Kartoffeln, die Zucchini und das Schweinefilet mit 150 g des Butterwassers, Orangensaft und Rapsöl in den Mixtopf und pürierst die Mischung 30 Sekunden/ Stufe 6.

Linus' Spezial

ab 10. Monat

SPINAT-KARTOFFEL-ZUCCHINI-BREI MIT HÄHNCHENFLEISCH

Zutaten für 4 Portionen

250 g Kartoffeln, in Stücken

100 g Zucchini, in Stücken

150 g Spinat

100 g Hähnchenbrust

500 g Wasser

30 g Rapsöl

100 g Orangensaft

für Nele

1. Zuerst schälst du Kartoffeln und Zucchini und schneidest sie in kleine Stücke. Dann wäschst und putzt du den Spinat. Anschließend schneidest du die Hähnchenbrust in Streifen. Zerkleinere dann alles im Mixtopf 5 Sekunden/ Stufe 5.

2. Nun gibst du Gemüse und Hühnchen in den Gareinsatz. Fülle das Wasser in den Mixtopf, setz den Gareinsatz ein und gare anschließend alles 15 Minuten/ Varoma/ Stufe 2.

3. Danach nimmst du den Gareinsatz heraus und gießt die Garflüssigkeit ab. Fülle die Gemüse-Huhn-Mischung in den Mixtopf um und gib den Orangensaft und das Rapsöl dazu. Dann kannst du alles 15-20 Sekunden/ Stufe 10 pürieren.

4. Zum Schluss lässt du den Brei ein wenig abkühlen und füllst ihn dann in eine Schüssel um.

Achtung: Für diesen Brei bitte nicht die Garflüssigkeit verwenden, da sie durch den Spinat mit Nitrit belastet sein könnte.

mixtipp

Wenn du den Brei bereits vor dem 10. Monat füttern und weniger Orangensaft verwenden willst, ersetze einen Teil des Safts durch Fencheltee!

ab 10. Monat

ZUCCHINI-KARTOFFEL-HACKFLEISCH-BREI

Zutaten für 4 Portionen

400 g Zucchini, in Stücken

200 g Kartoffeln, in Stücken

500 g Wasser

100 g Rinderhackfleisch

30 g Orangensaft

20 g Rapsöl

1. Als Erstes schälst du die Kartoffeln und schneidest sie in Stücke. Dann wäschst du die Zucchini und schneidest sie in Scheiben. Anschließend füllst du beides in den Mixtopf und zerkleinerst die Gemüsesorten 3 Sekunden/ Stufe 5. Danach gibst du die Mischung in den Gareinsatz.

2. Nun füllst du das Wasser in den Mixtopf. Setz den Gareinsatz ein und gare alles 15 Minuten/ Varoma/ Stufe 1. Danach nimmst du den Gareinsatz raus, wobei du die Garflüssigkeit auffängst.

3. Als Nächstes erhitzt du ein wenig Öl im Mixtopf 1 Minute/ Varoma/ Stufe 1 und garst dann darin das Hackfleisch 4 Minuten/ Varoma/ Stufe 1.

4. Zum Schluss füllst du 60 g der Garflüssigkeit, Gemüse, Hackfleisch, Orangensaft und Rapsöl in den Mixtopf und pürierst alles 15 Sekunden/ Stufe 8. Die Pürierzeit hängt davon ab, welche Konsistenz du für dein Baby bevorzugst. Falls dir der Brei insgesamt zu fest erscheint, kannst du auch mit zusätzlicher Garflüssigkeit abhelfen.

Sinas Feinschmeckerbrei

mixtipp

Fülle die Masse in ausgehöhlte runde Zucchini und bestreue sie mit 80 g geriebenem Emmentaler. 15 Minuten bei 180°C überbacken, schmeckt es auch Sinas Papa!

ab 10. Monat

KÜRBIS-KARTOFFEL-LACHS-BREI

Zutaten für 4 Portionen

160 g Kartoffeln, in Stücken

360 g Kürbis, in Stücken

80 g Lachs

500 g Wasser

30 g Orangensaft

30 g Rapsöl

1. Zunächst schneidest du die geschälten Kartoffeln, den Kürbis und den Lachs in kleine Stücke und gibst sie in den Mixtopf. Zerkleinere alles 3 Sekunden/ Stufe 5 und gib die Mischung dann in den Gareinsatz.

2. Nun füllst du das Wasser in den Mixtopf und hängst den Gareinsatz ein. Anschließend garst du die Mischung 25 Minuten/ Varoma/ Stufe 1.

3. Gieß nun die Garflüssigkeit in eine Schüssel ab. 40 g davon gibst du danach mit der Gemüse-Lachs-Mischung, dem Orangensaft und dem Rapsöl in den Mixtopf und pürierst alles 30 Sekunden/ Stufe 5-6. Die Pürierzeit hängt davon ab, welche Konsistenz du für dein Baby bevorzugst.

4. Achte beim Füttern darauf, dass der Brei nicht mehr zu heiß ist.

mixtipp

Lachs ist eine gesunde Alternative zu Fleisch. Er ist leicht verdaulich und enthält viele wichtige Nährstoffe, Jod und Omega-3-Fettsäuren.

ab 10. Monat

PUTENFILET-BLATTSPINAT-BREI

Zutaten für 4 Portionen

200 g Kartoffeln, in Stücken

100 g Putenbrustfilet

400 g Blattspinat

500 g Wasser

100 g Orangensaft

60 g Rapsöl

1. Als Erstes schälst du die Kartoffeln und schneidest sie in Stücke. Dann schneidest du das Putenbrustfilet in Streifen. Die Spinatblätter zupfst du von den Stielen und gibst anschließend alles in den Mixtopf. Zerkleinere das Gemüse und das Fleisch 5 Sekunden/ Stufe 5.

2. Nun kannst du die zerkleinerten Zutaten in den Gareinsatz umfüllen. Dann gießt du das Wasser in den Mixtopf, hängst den Gareinsatz ein und garst alles 20 Minuten/ Varoma/ Stufe 1.

3. Nach dem Garen gießt du die Garflüssigkeit ab. Danach füllst du die Gemüse-Puten-Mischung in den Mixtopf um und gibst den Saft und das Öl hinzu. Anschließend kannst du das Gemisch 20 Sekunden/ Stufe 10 zu einem Brei pürieren.

4. Zum Schluss prüfst du, ob die Breitemperatur nicht mehr zu heiß ist. Dann kannst du dein Baby füttern!

Achtung: Wegen möglicher Nitritbelastung des Spinats nicht das Garwasser zum Verdünnen verwenden.

mixtipp

Wenn du den Brei bereits vor dem 10. Monat füttern und weniger Orangensaft verwenden willst, ersetze einen Teil des Safts durch Fencheltee!

ab 1. Jahr

KO-KA-FE-BREI

Zutaten für 4 Portionen

250 g Kartoffeln, in Stücken

200 g Kohlrabi, in Stücken

100 g Fenchel, in Stücken

500 g Wasser

30 g Butter

20 g Orangensaft

1. Zuerst schälst du Kartoffeln, Kohlrabi und Fenchel und schneidest die Gemüsesorten in kleine Stücke. Dann zerkleinerst du das Gemüse 3 Sekunden/ Stufe 5. Anschließend füllst du es in den Gareinsatz um.

2. Nun gießt du das Wasser in den Mixtopf, setzt den Gareinsatz ein und garst alles 15 Minuten/ Varoma/ Stufe 1. Danach gießt du die Garflüssigkeit in eine Schüssel ab.

3. Gib jetzt das Gemüse mit Butter und Orangensaft und ca. 60 g Garflüssigkeit in den Mixtopf. Wenn du eine weichere Konsistenz willst, kannst du noch ein wenig mehr von der Garflüssigkeit hinzufügen. Püriere die Breimischung 15 Sekunden/ Stufe 10.

4. Zum Schluss lässt du den Brei noch etwas abkühlen und verrührst ihn dabei noch einmal kurz 8 Sekunden/ Stufe 3. Dann kannst du ihn in ein Schüsselchen umfüllen und dein Baby füttern. Achte dabei darauf, dass der Brei nicht mehr zu heiß ist.

Milans Leckerschmecker

mixtipp

Den nitratreichen Kohlrabi
solltest du erst ab Ende
des ersten Lebensjahres
füttern. Am besten
immer nur Bio-Gemüse
verwenden.

ab 1. Jahr

PAPRIKA-ERBSEN-MAIS-BREI MIT RIND

Zutaten für 4 Portionen

170 g Paprika, in Stücken

250 g Kartoffeln, mehlig-kochend, in Stücken

1 kleine Zwiebel

120 g mageres Rindfleisch oder mageres Rinderhackfleisch

170 g Erbsen, tiefgekühlt

80 g Mais

500 g Wasser

40 g Orangensaft

30 g Rapsöl

1. Zuerst schneidest du die Paprika und die Kartoffeln in kleine Stücke und schälst die Zwiebel. Fülle dann die Gemüsestücke und die Zwiebel zusammen mit dem Fleisch in den Mixtopf und zerkleinere alles 5 Sekunden/ Stufe 5.

2. Als Nächstes gibst du die Mischung in den Gareinsatz und fügst noch die Erbsen und den Mais hinzu. Danach gießt du das Wasser in den Mixtopf, hängst den Gareinsatz ein und garst alles 30 Minuten/ Varoma/ Stufe 2.

3. Wenn die Gemüse-Fleisch-Mischung fertig ist, füllst du die Garflüssigkeit in eine Schüssel um. Gib nun die gegarte Mischung zusammen mit dem Saft, ca. 60 g Garflüssigkeit und dem Öl in den Mixtopf und püriere sie 10 Sekunden/ Stufe 10. Wenn der Brei eine weichere Konsistenz haben soll, kannst du noch ein wenig mehr Garflüssigkeit angießen und auf Stufe 4 mit untermischen.

Laras Lieblingsbrei

SÜSSE BREIE

ab 8. Monat

BANANEN-GRIESS-BREI

Zutaten für 3 Portionen

400 g Bananen

300 g Wasser

40 g Sesam

80 g Vollkorngrieß

20 g Rapsöl

1. Als Erstes schälst du die Bananen und schneidest sie in grobe Stücke. Dann gibst du sie in den Mixtopf und zerkleinerst sie 3 Sekunden/ Stufe 5.

2. Nun gibst du das Wasser, den Sesam und den Grieß dazu und lässt die Mischung 10 Minuten/ 100°C/ Stufe 2 kochen.

3. Zum Schluss gießt du das Rapsöl dazu und pürierst den Brei anschließend 15 Sekunden/ Stufe 10. Dann streichst du ihn durch ein Sieb.

4. Jetzt kannst du den Brei füttern oder ihn in einem sterilisierten, geschlossenen Gefäß bis zum nächsten Tag verwahren.

mix**tipp**

Hier kannst du nach Geschmack auch andere Obstsorten verwenden.

ab 8. Monat

ZWIEBACKBREI MIT APRIKOSEN

Zutaten für 4 Portionen:

200 g Aprikosen

150 g Zwieback

350 g Milch

1 Prise Zimt (nach Belieben)

20 g Rapsöl

1. Als Erstes wäschst und schälst du die Aprikosen, entkernst sie und schneidest sie in Stücke.

2. Nun gibst du den Zwieback in den Mixtopf und zerkleinerst ihn 5 Sekunden/ Stufe 5. Anschließend fügst du die Aprikosenstückchen hinzu und zerkleinerst die Mischung 3 Sekunden/ Stufe 5.

3. Gieß jetzt die Milch und streue, wenn du magst, den Zimt dazu und verrühre den Brei dann 2 Sekunden/ Stufe 6, bevor du ihn 3 Minuten/ 90°C/ Stufe 2 kochen lässt.
Zum Schluss gießt du das Rapsöl zu der Mischung und verrührst dann den Brei noch einmal 4 Minuten/ Stufe 3.

4. Achte darauf, dass der Brei nicht mehr zu heiß ist, bevor du dein Baby fütterst.

mixtipp

Aprikosen sind reich an Mineralstoffen. Unter anderem enthalten sie Bor, das das Abwehrsystem des Körpers stärkt.

mix*tipp*

Bei weichen Aprikosen kannst du die Milchmenge anpassen!

ab 8. Monat

COUSCOUS-BIRNEN-BREI

Zutaten für 4 Portionen

400 g Couscous, instant

400 g Apfeldirektsaft

3 Birnen, weich

10 g Zitronensaft

1. Als Erstes gibst du den Couscous mit dem Apfeldirektsaft in den Mixtopf und lässt ihn 5 Minuten quellen.

2. Nun kannst du die Birnen schälen und in Stücke schneiden. Gib sie zu dem Couscous in den Mixtopf und zerkleinere die Mischung dann 6 Sekunden/ Stufe 5.

3. Danach lässt du die Mischung 10 Minuten/ 100°C/ Stufe 2 köcheln.

4. Jetzt gibst du noch den Zitronensaft dazu und pürierst die Mischung 10 Sekunden/ Stufe 8. Bei Bedarf gibst du noch etwas Flüssigkeit dazu, wenn dir der Brei zu fest ist.

5. Nun kannst du dein Baby füttern, prüf dabei aber zuerst, ob der Brei auch die richtige Temperatur hat.

Leslie-Dakotas Daydream

mix tipp

Couscous ist reich an Mineralstoffen und Spurenelementen wie Kalzium und Zink und bietet damit eine gesunde Abwechslung zu Haferflocken und Getreide.

ab 8. Monat

APFELMUS

Zutaten für 4 Portionen

250 g Äpfel

125 g Apfeldirektsaft

5 g Zitronensaft

1. Zuerst schälst du die Äpfel und schneidest sie in grobe Stücke. Danach zerkleinerst du sie im Mixtopf 3 Sekunden/ Stufe 5.

2. Gib nun den Apfelsaft und den Zitronensaft hinzu und vermische alles 2 Sekunden/ Stufe 6. Dann kochst du das Mus insgesamt 4-5 Minuten/ 90°C/ Stufe 2.

3. Abschließend pürierst du die Apfelmischung 10-20 Sekunden/ Stufe 9.

mixtipp

Äpfel sind wahre Vitaminbomben! Neben Vitamin A, B und C enthalten sie Mineralstoffe wie Kalzium und Eisen.

ab 8. Monat

ZWIEBACK MIT APFEL UND BANANE

Zutaten für 3 Portionen

4 Stück Zwieback

100 g Äpfel

100 g Bananen

200 g Wasser

30 g Orangensaft

30 g Butter

1.   Zuerst schälst du das Obst. Dann viertelst du die Äpfel und schneidest die Bananen in grobe Stücke. Zerkleinere den Zwieback und die Äpfel und Bananen im Mixtopf 5 Sekunden/ Stufe 5.

2.   Gib nun das Wasser und den Orangensaft hinzu und koche alles 4-5 Minuten/ 100°C/ Stufe 2 auf.

3.   Zum Schluss gibst du die Butter dazu und pürierst die Mischung 10 Sekunden/ Stufe 4.

Chiaras Supermix

BABY-GRIESSFLAMMERI MULTIFRUCHT

Zutaten für 3 Portionen

200 g Äpfel
100 g Bananen
100 g Grieß
400 g Milch
50 g Wasser
150 g Natur-Joghurt
30 g Orangensaft

1. Schäle die Äpfel und die Bananen und schneide sie in grobe Stücke. Zerkleinere beides nun im Mixtopf 3 Sekunden/ Stufe 5.

2. Füge nun Grieß, Milch und Wasser hinzu und koche alles 6 Minuten/ 80°C/ Stufe 2.

3. Zu der Grieß-Frucht-Mischung gibst du nun den Joghurt und den Orangensaft und pürierst alles 10 Sekunden/ Stufe 7.

mixtipp

Durch diesen Brei erhält dein Baby die Vitamine A, B und C sowie Beta-Carotin.

ab 8. Monat

PFLAUMEN-DINKEL-FLOCKEN-BREI

Finn-Oskars Pflaumentraum

Zutaten für 4 Portionen

400 g entsteinte Pflaumen

30 g Apfelsaft

80 g Dinkelflocken (Zartblatt)

400 g Wasser

30 g Butter

Zimt nach Belieben

1. Als Erstes schneidest du die Pflaumen in grobe Stücke und zerkleinerst sie im Mixtopf 5 Sekunden/ Stufe 6.

2. Nun gibst du den Apfelsaft, die Dinkelflocken und das Wasser hinzu und kochst alles 8 Minuten/ 100°C/ Stufe 2.

3. Zuletzt gibst du die Butter zu der Fruchtmischung und pürierst alles 15 Sekunden/ Stufe 10.

4. Du kannst zum Verfeinern noch etwas Zimt hinzugeben und den Brei noch einmal 5 Sekunden/ Stufe 5 umrühren.

mix**tipp**

Pflaumen sind ein tolles Hausmittel, wenn dein Baby unter Verdauungsproblemen leidet.

ab 10. Monat

APFEL-SANDDORN-BREI MIT DINKEL

Zutaten für 3 Portionen

150 g Äpfel

60 g Dinkelflocken (Zartblatt)

550 g Milch

50 g ungesüßter Sanddornsaft

1. Als Erstes wäschst und schälst du die Äpfel und schneidest sie in Stücke. Dann gibst du sie in den Mixtopf und zerkleinerst sie 3 Sekunden/ Stufe 5.

2. Nun kannst du die Dinkelflocken und die Milch dazugeben und alles 2 Sekunden/ Stufe 6 verrühren.

3. Anschließend kochst du die Mischung 5 Minuten/ 90°C/ Stufe 2. Dann gießt du noch den Sanddornsaft dazu und pürierst den Brei 20 Sekunden/ Stufe 10.

4. Zum Schluss lässt du den Brei noch etwas abkühlen. Vor dem Füttern testest du, ob er die richtige Temperatur hat.

Klara-Maries Leckerli

BANANEN-MANGO-MANDEL-BREI

Zutaten für 4 Portionen

20 g ungeschälte Mandelkerne

200 g Mango

200 g Bananen

80 g Bulgur

200 g Wasser

30 g Rapsöl

1. Zermahle die Mandelkerne im Mixtopf 8-10 Sekunden/ Stufe 8.

2. Nun gibst du die entkernte Mango und die geschälten Bananen in den Mixtopf und zerkleinerst sie 5 Sekunden/ Stufe 10 zusammen mit dem Mandelpulver. Stelle die Mischung in einer Schüssel beiseite.

3. Fülle nun den Bulgur zusammen mit dem Wasser in den Mixtopf und erhitze beides 15 Minuten/ 70°C/ Stufe 2. Die überschüssige Flüssigkeit kannst du abschütten.

4. Gib nun die Frucht-Mandel-Mischung und das Öl zum Bulgur und püriere alles 10 Sekunden/ Stufe 7.

mix**tipp**

Mandeln sind fettarm und reich an Spurenelementen und Eisen.

mixtipp

Achtung! Mandeln können Allergien auslösen! Falls es in deiner Familie Allergiefälle gibt, teste, ob dein Baby Mandeln verträgt.

ab 10. Monat

ERDBEER-HAFERFLOCKEN-BREI

Zutaten für 4 Portionen

80g zart schmelzende Haferflocken

400 g Wasser

200 g Bananen

200 g Erdbeeren

30 g Rapsöl

30 g Orangensaft

1. Zuerst gibst du die Schmelzflocken in den Mixtopf und fügst die 400 g Wasser hinzu. Erhitze die Mischung 3 Minuten/ 80°C/ Stufe 2.

2. Gib nun die geschälten und in grobe Stücke geschnittenen Bananen, die Erdbeeren und das Öl hinzu und püriere alles 10 Sekunden/ Stufe 7 zusammen mit dem Orangensaft. Da die Konsistenz der Bananen und Erdbeeren von Natur aus weich ist, musst du die Früchte vorher nicht zerkleinern.

3. Falls dir der Brei zu flüssig ist, kannst du noch 1-2 TL Schmelzflocken unterrühren.

mixtipp

Erdbeeren enthalten Vitamin B, C und E sowie viele Mineralstoffe und haben eine positive Wirkung auf das Immunsystem deines Babys!

ab 10. Monat

KEKS-MELONEN-DINKELFLOCKEN-BREI

Zutaten für 4 Portionen:

8 Vollkorn-Butterkekse

400 g Wassermelone

60 g Dinkelflocken (Zartblatt)

400 g Wasser

20 g Rapsöl

1. Als Erstes zerkleinerst du die Kekse im Mixtopf 5 Sekunden/ Stufe 5.

2. Anschließend schneidest du das Fruchtfleisch aus der Melone in Würfel und entfernst die Kerne. Dann stellst du das Obst in einer Schüssel beiseite.

3. Gib die Dinkelflocken zu den Keksen in den Mixtopf und zerkleinere alles 5 Sekunden/ Stufe 5.

4. Nun gibst du das Wasser dazu und kochst die Mischung 7 Minuten/ 90°C/ Stufe 2. Danach fügst du die Melonenstücke hinzu und pürierst den Brei 10 Sekunden/ Stufe 10. Wenn du eine festere Konsistenz möchtest, wähle zum Pürieren Stufe 6 bis 7.

mixtipp

Melonen enthalten sehr viel Kalium, das eine wichtige Rolle für die Regulation des Blutdrucks sowie für Muskeln und Nerven spielt.

mixtipp

Vor dem Pürieren
solltest du darauf
achten, dass alle Kerne
entfernt sind.

ab 10. Monat

BANANE-DINKEL-FLOCKEN-BREI

Zutaten für 4 Portionen

80 g Dinkelflocken (Zartblatt)

300 g Wasser

400 g Bananen

30 g Rapsöl

30 g Orangensaft

1. Zuerst füllst du die Dinkelflocken in den Mixtopf, gibst nun 300 g Wasser hinzu und erhitzt die Mischung 3 Minuten/ 70°C/ Stufe 2.

2. Gib anschließend die geschälten und in grobe Stücke geschnittenen Bananen hinzu und püriere die Mischung zusammen mit dem Rapsöl und dem Orangensaft 10 Sekunden/ Stufe 7.

3. Jetzt kannst du dein Baby füttern oder den Brei in sterilisierten Gläsern verwahren.

mixtipp

Dinkel ist nicht nur das eiweiß-, sondern auch das vitaminreichste Getreide!

BIRNEN-POLENTA-BREI

Zutaten für 3 Portionen

150 g Birnen

100 g Bananen

500 g Milch

40 g Polenta

50 g Orangensaft

1. Als Erstes wäschst und schälst du die Birnen und entkernst sie. Dann machst du das Gleiche mit den Bananen und schneidest das Obst in grobe Stücke.

2. Gib die Früchte nun in den Mixtopf und zerkleinere sie 5 Sekunden/ Stufe 6.

3. Jetzt kannst du die Milch und die Polenta hinzufügen und die Mischung 10 Minuten/ 100°C/ Stufe 2 kochen lassen.

4. Zum Schluss gibst du den Saft dazu und pürierst den Brei 15 Sekunden/ Stufe 10. Vor dem Füttern prüfst du, ob der Brei nicht mehr zu heiß ist.

mixtipp

Orangen oder andere Zitrusfrüchte liefern wertvolles Vitamin C. Wegen des hohen Säuregehalts solltest du aber im ersten Lebensjahr nur kleine Mengen zum Brei geben.

mixtipp

Birnen wirken
stuhlauflockernd
und sind damit eine
tolle Alternative
zu Äpfeln.

ab dem 1. Jahr

SCHOKO-GRIESSBREI

Zutaten für 4 Portionen

550 g Milch

40 g Vollmilchschokolade
in Stücken

60 g Grieß

1. Als Erstes füllst du die Milch und die Vollmilch-schokolade in den Mixtopf und schmilzt die Schoko-lade 4 Minuten/ 70°C/ Stufe 1.

2. Nun setzt du den Rühraufsatz ein, gibst den Grieß dazu und lässt den Brei 7 Minuten/ 90°C/ Stufe 2 kochen.

3. Den Brei kannst du sowohl kalt als auch warm füttern.

mixtipp

Mit 80 g Schokolade
schmeckt der Brei
auch Pelles Papa!

Pelles Schokoschmaus

TIPPS FÜR DIE NUTZUNG DEINES THERMOMIX®

- Nach dem Garen und Pürieren lässt du den Brei für dein Baby am besten noch etwas abkühlen. Die Temperaturanzeige deines Thermomix® zeigt dir an, wann der Brei auf 37°C abgekühlt ist und du dein Kind gefahrlos füttern kannst.

- Wenn du Reis im Gareinsatz zubereitest, braucht er immer auch Kontakt mit Wasser. Fülle deshalb beim Reiskochen immer 1200 g Wasser beim TM 5® bzw. 1000 g Wasser beim TM 31® in den Mixtopf, so kann der Reis das Wasser aufnehmen.

- Falls du länger als 30 Minuten auf Varoma-Einstellung garst, solltest du mehr Wasser in den Mixtopf füllen!

- Die Thermomix®-Waage befindet sich in den Gerätefüßen! Stell deinen Thermomix® am besten immer auf einer glatten, sauberen und stabilen Unterlage ab, sodass alle Waage-Füße festen Halt und Kontakt zur Arbeitsfläche haben.

- Kleine Brotkrümel an den Füßen der Waage können sich als Störfaktor entpuppen; sieh also zu, dass die Füße immer sauber sind.

- Damit die Thermomix®-Waage einwandfrei funktioniert, solltest du darauf achten, dass sich eingeschaltete Handys in einem Abstand von mindestens 1 Meter zum Gerät befinden.

- Raspeln gelingt besonders leicht, wenn du Gemüsesorten von ähnlicher Größe und Konsistenz nimmst.

- Zum Zerkleinern von Zutaten nutzt du am besten die Stufen 4-10: Stufe 4 eignet sich zum groben Zerkleinern (beispielsweise von Rohkost), während auf der Stufe 10 härtere Lebensmittel wie Nüsse zerkleinert werden.

- Vorsicht beim Öffnen des Varoma-Deckels: Verbrennungen durch Wasserdampf können noch schmerzhafter als Verbrennungen durch kochendes Wasser ausfallen!

- Normalerweise brennt Milch im Thermomix® nicht an – solltest du dennoch ein Anbrennen feststellen, liegt das vermutlich an der Milchsorte. Erhöhe dann einfach entsprechend die Drehgeschwindigkeit des Messers!

LEMPERTZ

GRATIS EXEMPLAR SICHERN!

SICHERN SIE SICH ZUM KENNENLERNEN DER MIXX-ZEITSCHRIFT JETZT EIN GRATIS-EXEMPLAR IM WERT VON 4,90 €!

Name

Vorname

Adresse

☐ Ja, schicken Sie mir Ihren kostenlosen E-Mail-Newsletter und halten Sie mich über Neuheiten und Sonderangebote des Heel-Verlags auf dem Laufenden!

E-Mail-Adresse

Ihre Daten werden von der HEEL Verlag GmbH gespeichert, um Ihnen Informationen aus unserem Verlagsprogramm zukommen zu lassen. Ihnen entstehen weder Kosten noch Verpflichtungen Sie können sich jederzeit vom Newsletter abmelden.

Datum

Unterschrift

Teilnahmebedingungen: Dieser Gutschein ist nur auf postalischem Weg einzulösen. Pro Person nur ein Gutschein gültig.

HEEL Verlag GmbH, MIXX-Redaktion, Pottscheidt 1, 53639 Königswinter
Tel.: 02223/9230-0, Fax: 02223/9230-13/26, www.heel-verlag.de

mixtipp

MIXtipp:
Mediterrane Rezepte

104 Seiten,
Format: 17 x 24 cm,
Klappenbroschur,
durchgehend farbig bebildert
ISBN: 978-3-96058-086-7, **9,99 €**

Kastilianische Cremesuppe, Vitello Tonnato, Gyros Kefalonia oder Toskanischer Kaninchentopf - das sind nur einige der mediterranen Köstlichkeiten, die Maria del Carmen Martin-Gonzales, langjährige Mitarbeiterin der spanischen Thermomix®-Zeitschrift -Cocina tu misma con Thermomix©-, in diesem Buch zusammengestellt hat.
Mit dieser speziell auf den Thermomix© TM 5® und TM 31® zugeschnittenen Rezeptsammlung kannst du schonend und entspannt vielfältige Gerichte aus der mediterranen Küche zubereiten. Dabei findest du hier sowohl abwechslungsreiche Vorspeisen und Suppen als auch köstliche Hauptspeisen und raffinierte Desserts.
Entdecke deine mediterrane Seite und genieße neue kulinarische Geschmacksmomente mit dem Thermomix® und unseren MixTipps!

MIXtipp:
Party-Rezepte

104 Seiten,
Format: 17 x 24 cm,
Klappenbroschur,
durchgehend farbig bebildert
ISBN: 978-3-945152-50-8, **9,99 €**

Du planst eine fetzige Geburtstagsparty? Eine gruselige Halloweenparty? Oder du suchst nach Ideen für deine Sommerparty im Garten? Mit diesem Buch findest du die originellsten und leckersten Rezepte für jede Gelegenheit!
Pizzaschnecken und Spaghettisalat, Guacamole und Paprikadip, Nussecken und Quarktaschen – mit diesen Rezepten und vielen mehr gelingt dir jede Party, egal ob für 5 oder 50 Personen. Alexander Augustin hat in diesem Buch die besten süßen und herzhaften Partysnacks, tolle Ideen für einzelne Gerichte und ganze Buffets aus seiner Rezeptsammlung zusammengestellt. Alles lässt sich natürlich mühelos mit dem TM 5® oder dem TM 31® zubereiten. So ist eine stressfreie Vorbereitung garantiert. Kümmere dich in aller Ruhe um deine Gäste und genieß die Party, Thermomix® kümmert sich um das Essen.

MIXtipp:
Vegane Rezepte

112 Seiten,
Format: 17 x 24 cm,
Klappenbroschur,
durchgehend farbig bebildert
ISBN: 978-3-96058-087-4, **9,99 €**

Ethisch, vielfältig und bunt - die vegane Küche ist so entdeckungslustig und international wie kaum eine andere! Ob du dich selbst vegan ernähren oder für vegane Freunde ein Essen zubereiten möchtest, hier findest du gesunde, abwechslungsreiche Rezepte von Couscous-Salat über Maronencremesuppe bis zum Marokkanischen Gemüsetopf – natürlich ganz ohne tierische Zutaten! Alle lassen sich ganz leicht mit dem TM 5® und TM 31® zubereiten - das Schneiden von Gemüse und Obst erledigt der Thermomix® für dich.
Laura Wieland hat in diesem Buch die leckersten und originellsten veganen Rezeptideen aus ihrer Sammlung zusammengestellt. Zusätzlich findest du viele Tipps zu veganen Zutaten und Zubereitungsarten, mit denen du selbst ganz nach deinem Geschmack traditionelle Gerichte neu entdecken und vegane Köstlichkeiten kreieren kannst.

LEMPERTZ

mixtipp

MIXtipp:
Lieblingssuppen
ca. 96 Seiten,
Format: 17 x 24 cm,
Klappenbroschur,
durchgehend farbig bebildert
ISBN: 978-3-96058-092-8, **9,99 €**

Du liebst Suppen? Kein Wunder! Gemüsesuppe, Gazpacho, Bouillabaisse, Borschtsch, Nudelsuppe und viele mehr – kaum ein Gericht hält so viele köstliche Zubereitungsmöglichkeiten für dich bereit. Ob feine Bouillons für einen appetitanregenden Start in ein Menü oder herzhafte Eintöpfe, die dir helfen, kalte Tage leichter zu ertragen: In diesem Buch findest du die leckersten und am liebsten gekochten Suppenrezepte, mit denen du deine Lieblingssuppen neu erfinden und neue köstliche Varianten entdecken kannst. Mal deftig, mal leicht, mal international und mal traditionell laden dich unsere Lieblingssuppen ganz unkompliziert zum Nachkochen ein. Dabei lassen sich natürlich alle einfach und schnell mit dem TM 5® und dem TM 31® zubereiten.

MIXtipp:
Lieblingsmarmeladen
ca. 96 Seiten,
Format: 17 x 24 cm,
Klappenbroschur,
durchgehend farbig bebildert
ISBN: 978-3-96058-091-1, **9,99 €**

Andrea Tomicek stellt hier zusammen mit dem Team MIXtipp ihre Rezeptsammlung aus guten alten Familienrezepten und exotisch-würzigen Neukreationen zum Nachkochen zur Verfügung. Dabei kommen pikante Köstlichkeiten wie Physalismarmelade, Lotti Karotti und Tomatenmarmelade nicht zu kurz. Mit verschiedenen Gewürzen und tollen Zutaten kannst du eine große Auswahl an Marmeladen zaubern - von der klassischen Erdbeer- bis hin zur originellen Kartoffelmarmelade - und dank Thermomix® meist in noch nicht einmal 20 Minuten! Alle Rezepte lassen sich ganz leicht mit dem TM 5® und dem TM 31® nachkochen. Marmeladen einkochen - eine mühsame und zeitaufwändige Angelegenheit? Das war gestern! Dank dem Thermomix® heißt es heute: Marmeladen einkochen macht Spaß!

MIXtipp:
Lieblingseis
ca. 96 Seiten,
Format: 17 x 24 cm,
Klappenbroschur,
durchgehend farbig bebildert
ISBN: 978-3-96058-090-4, **9,99 €**

Lust auf Eis? Na klar! Eis geht immer, ob im Frühling, Sommer, Herbst oder Winter, ob bei +30 oder -30 °C. Ein Frozen Latte an einem herrlichen Sommertag, einen tröstenden Chocolate Shocker bei Liebeskummer oder eine ausgefallene Kreation wie Alinas Ingwertraum - mit dieser Rezeptsammlung unserer Autorin Alina Henke und deinem Thermomix® kannst du ganz einfach und schnell deine Lieblingseissorten zaubern! Hier findest du alles von erfrischenden Parfaits, leckeren Sorbets und Granitas, eiskalten Frappés bis hin zu cremig-süßem Milcheis und köstlichen Sahneeis, die deine Sinne verzaubern. Natürlich lassen sich alle Rezepte - wie immer beim Team MIXtipp - sowohl mit dem TM 5® als auch mit dem TM 31® superschnell zubereiten und mischen - genau das Richtige an einem heißen Sommertag!

LEMPERTZ

**MIXtipp:
Lasst uns grillen!**

ca. 96 Seiten,
Format: 17 x 24 cm,
Klappenbroschur,
durchgehend farbig bebildert
ISBN: 978-3-96058-089-8, **9,99 €**

25°C im Schatten – lass uns grillen!
Und mit diesem Buch wird das garantiert noch leckerer!
Dafür, dass Steaks und Koteletts erst so richtig gut schmecken, sorgen abwechslungsreiche Marinaden von der Bier-Senf-Marinade bis zur Zitronen-Oregano-Marinade. Vom Ajvar über den Kräuter- bis zum Zucchini-Dip ist alles dabei, was Folienkartoffeln und Baguette den Extra-Kick gibt. Egal, ob du es scharf, mild oder fruchtig magst: Mit Schaschliksoße, Knoblauchsoße und Barbecuesoße findest du auf jeden Fall etwas ganz nach deinem Geschmack! Und wenn du mal eine Pause vom Grillfleisch brauchst, lass dich von Salaten wie dem sommerlichen Spaghettisalat und dem Melonen-Feta-Salat verführen. Mit dem TM 5® oder dem TM 31® kannst du alles ganz leicht zubereiten – so kannst du mehr Zeit am Grill genießen.

**MIXtipp:
Leichte Küche**

ca. 96 Seiten,
Format: 17 x 24 cm,
Klappenbroschur,
durchgehend farbig bebildert
ISBN: 978-3-945152-70-6, **9,99 €**

Warum nicht schlank schlemmen mit dem Thermomix®? Wer sich gesund ernähren möchte, muss nicht auf schmackhafte Gerichte verzichten: Tomaten-Paprikacremesuppe, Hähnchenbrust Provencal, Schlemmerfilet Pute mit Kartoffelgratin, Tiramisu und Beerensofteis klingen eher nach „mehr" als nach weniger! Kalorienarme Gerichte werden durch die schonende und schnelle Zubereitung mit dem besten Kochpartner der Welt, dem Thermomix®, zu einer schmackhaften Alternative! Mit unseren Rezepten und deinem Thermomix® zauberst du gesunde, vitaminreiche Speisen für die ganze Familie auf den Tisch. Lecker!

WEITERE TITEL AUS DIESER REIHE

auch als e-book erhältlich

MIXtipp:
Lieblingsrezepte zu Weihnachten
ca. 96 Seiten,
Format: 17 x 24 cm,
Klappenbroschur,
durchgehend farbig bebildert
ISBN: 978-3-96058-094-2, **9,99 €**

MIXtipp:
Wildgerichte
ca. 96 Seiten,
Format: 17 x 24 cm,
Klappenbroschur,
durchgehend farbig bebildert
ISBN: 978-3-96058-093-5, **9,99 €**

Freust du dich auch schon auf Weihnachten? Auf die leuchtenden Kerzen am Weihnachtsbaum, aufs Weihnachtsliedersingen – und natürlich aufs Plätzchenbacken und diesen ganz besonderen Weihnachtsgeruch, der überall in der Luft liegt?
Der schönste Moment ist es, wenn deine ganze Familie zum Weihnachtsessen versammelt ist und es eure liebsten Weihnachtsgerichte gibt: Mit Vanillekipferl und Lebkuchen, Gänsebraten und Apfelrotkohl, Glühwein und Zimtsternen und vielen Köstlichkeiten mehr fühlt sich Weihnachten erst wirklich nach Weihnachten an. Und damit du mehr Zeit dazu hast, Geschenke auszupacken und das Fest zu genießen, findest du in diesem Buch eine Sammlung der besten und am liebsten gekochten Weihnachtsrezepte, die sich alle ganz unkompliziert mit dem TM 5® und dem TM 31® zubereiten lassen. Damit gibt es an Weihnachten noch einen Grund mehr zur Freude!

Bist du bei der Zubereitung von Wildfleisch mit deinem Jägerlatein am Ende?
Hältst du Halali für ein arabisches Linsengericht und Eichelmast für eine Art Mobilfunkturm? Dann brauchst du dieses Buch: leckere Wildgerichte, schnell und einfach zubereitet mit dem Thermomix®. Ob Saltimbocca vom Hirsch, Rehgulasch, Western-Wildschweinburger, in Rotwein geschmortes Hasenragout oder knuspriger Wildentenbraten, wir haben eine große Auswahl an Rezepten für jede Wildart, bestehend aus Klassikern und modern komponierten Gerichten für Thermomix® zusammengestellt. Das schmeckt jedem Jäger und ein dreifaches Horrido ist dir sicher!

LEMPERTZ

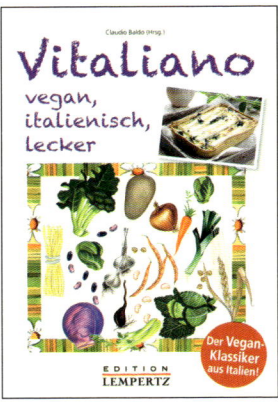